これ一品で栄養バッチリ！

おかずがいらない 炊き込みごはん

検見﨑聡美

青春新書
PLAYBOOKS

この本の「炊き込みごはん」は、ちょっと特別です。
〝オールインワン〟の炊き込みごはんなんです。

栄養バランスがいい食事といえば、定食スタイルが理想的。
肉や魚や卵の「主菜」に、野菜たっぷりの「副菜」、そしてごはんの「主食」という組み合わせです。
でも、忙しい毎日を過ごしている私たちに、定食スタイルはハードルが高いのも事実…

そこで、〝おかずがいらない〟炊き込みごはんの出番です！
レシピにある材料を、炊飯器に入れてスイッチＯＮ。あとは放っておけば、「主菜」「副菜」「主食」の要素がすべてそろった、炊き込みごはんのできあがり！
これなら、どんなに忙しくても、料理が苦手でも、おいしくて栄養バッチリのごはんが食べられますよ。

おかずがいらない炊き込みごはん

季節を味わう炊き込みごはん

肉が食べたい日の炊き込みごはん

魚が食べたい日の炊き込みごはん

世界をめぐる炊き込みごはん

話題の魚缶で炊き込みごはん

便利食材の炊き込みごはん

お惣菜使いの炊き込みごはん

menu

本書の決めごと

＊材料はすべて1～2人分です。
＊1カップは200㎖、大さじ1は15㎖、小さじ1は5㎖です。

おかずがいらない

基本の炊き方

炊き込みごはん

この本の
炊き込みごはんは、
すべてこの手順で
炊き上げます。

1

米を研いで炊飯器の内釜に入れ、1合の目盛りまで水を加える。

2

材料から出る水分や調味料を考慮して、各レシピの指示通りに水をすくい取る。

3

調味料を加え、全体に混ぜる。

米の表面を平らにし、炊き込みごはんの具材をのせる。

4

5

内釜を炊飯器にセットし、普通に炊き上げる。

スイッチ
ON！

季節を味わう
炊き込みごはん

どんなに毎日忙しくても、
旬の味覚は楽しみたいですよね。
そんなときこそ、
炊き込みごはんの出番です！

新じゃがとあさりのみそごはん

春においしい山の幸と海の幸を
まるごと味わいましょう！

【材料】
新じゃがいも…３コ（150ｇ）／あさり（砂出し済み）…150ｇ／
みそ…小さじ２／みつば…１束／米…１合

【作り方】
❶ 新じゃがいもは皮をむかずに半分に切る。みつばは３㎝長さに切る。
❷ 炊飯器の内釜に研いだ米を入れ、水を１合の目盛りまで加えてから、大さじ１の水をすくい取る。
❸ みそを加えて混ぜ、米の表面を平らにして新じゃがいも、あさりをのせる。
❹ 普通に炊き上げ、みつばを加えて混ぜる。

季節を味わう
炊き込みごはん

かつおのたたきごはん

薬味たっぷり。あぶったかつおの皮が炊いても香ばしい

かつおのたたき…100g
⇨1㎝幅に切る。

しょうが…大1かけ
⇨せん切りにする。

玉ねぎ…100g
⇨薄切りにする。

青じそ…10枚
⇨ちぎる。

その他の材料

しょうゆ…小さじ2

米
1合

作り方

① 米1合分の水加減から、大さじ1の水をすくい取る。
② しょうゆを混ぜ、かつおのたたき、しょうがをのせる。
③ 普通に炊き上げ、玉ねぎ、青じそを加えて混ぜる。

季節を味わう
炊き込みごはん

新たけのことひき肉の豆鼓ごはん

中国の発酵調味料で、中華なたけのこごはん

新たけのこ（ゆでたもの）…100g
⇨食べやすい大きさに切る。

豆鼓《トウチ》…小さじ1

豚ひき肉…80g

唐辛子…1本
⇨ちぎる。

その他の材料

A：ごま油…小さじ1 ／ 塩…小さじ1/3

作り方

① 米1合分の水加減から、小さじ1の水をすくい取る。
② 豆鼓、唐辛子、Aを混ぜ、新たけのこ、豚ひき肉をのせ、普通に炊き上げる。

季節を味わう
炊き込みごはん

たことトマトのピリ辛ごはん

意外なほどに、たこはやわらか。
ビールのおつまみにもなる夏ごはん

チリペッパー…少々

トマト…100g
⇨種を取り除いて
1cm角に切る。

にんにく…1かけ
⇨つぶす。

ゆでたこ…100g
⇨1.5～2cm幅の
ぶつ切りにする。

その他の材料

塩…小さじ1/4 ／ パプリカパウダー…適宜

作り方

① 米1合分の水加減から、大さじ3の水をすくい取る。
② チリペッパー、塩を混ぜ、ゆでたこ、トマト、にんにくをのせ、普通に炊き上げる。
③ 器によそって、好みでパプリカパウダーをふる。

季節を味わう
炊き込みごはん

ゴーヤーとあじの干物のごはん

ほろ苦さと干物の塩気は、蒸し暑い夏にピッタリです

あじの干物…1枚(100g)

ゴーヤー…1/2本(80g)
⇨3㎜幅の薄切りにする。

しょうが…大1かけ
⇨みじん切りにする。

その他の材料

塩…少々

作り方

① 米1合分の水加減から、小さじ2の水をすくい取る。
② 塩を混ぜ、ゴーヤー、あじの干物、しょうがをのせる。
③普通に炊き上げ、あじの頭と骨を取り除いて混ぜる。

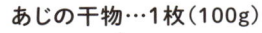

季節を味わう
炊き込みごはん

かぼちゃと厚揚げのピリ辛ごはん

かぼちゃの甘みに油断は禁物。辛みが後からやってくる

厚揚げ…150g
⇨油抜きし、ひと口大にちぎる。

かぼちゃ…100g
⇨7～8㎜厚さに切る。

豆板醬…小さじ1/2

その他の材料

みそ…小さじ2

作り方

① 米1合分の水加減から、小さじ1の水をすくい取る。
② 豆板醬、みそを混ぜ、かぼちゃ、厚揚げをのせ、普通に炊き上げる。

季節を味わう
炊き込みごはん

さんまとみょうがのごはん

秋の味覚さんまを、たっぷりの秋みょうがと楽しむ

みょうが…1コ
⇨小口切りにする。

しょうが…大1かけ
⇨すりおろす。

みょうが…2コ
⇨縦4つ割りにする。

さんま…1尾
⇨4等分くらいの
ぶつ切りにする。

その他の材料

A：塩…小さじ1/4 ／ しょうゆ…小さじ1/2
かぼす…適宜

作り方

① 米1合分の水加減から、大さじ1の水をすくい取る。
② Aを混ぜ、さんま、4つ割りのみょうが、しょうがをのせ、普通に炊き上げる。
③ さんまの頭と骨を取り除き、器によそってみょうがの小口切りをのせ、好みでかぼすをしぼる。

季節を味わう
炊き込みごはん

まいたけと牛肉のごはん

きのこと牛肉は相性抜群。特にまいたけはオススメです

しょうが…大2かけ
⇨細切りにする。

牛こま切れ肉…80g

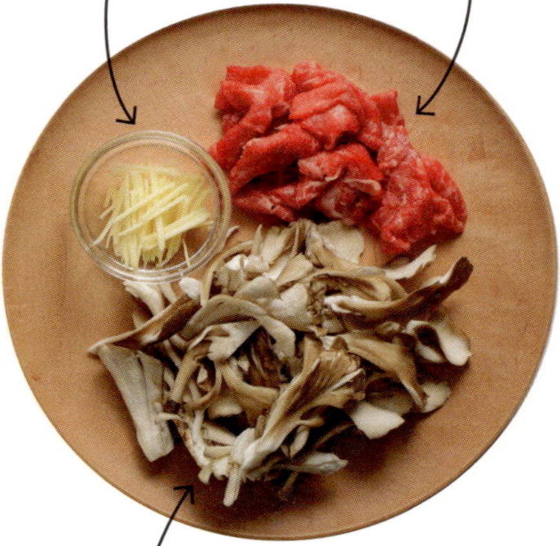

まいたけ…150g
⇨食べやすく裂く。

その他の材料

A: 塩…小さじ1/3 ／ しょうゆ…小さじ1/3 ／
みりん…小さじ1

作り方

① 米１合分の水加減から、大さじ２の水をすくい取る。
② Aを混ぜ、まいたけ、牛こま切れ肉、しょうがをのせ、普通に炊き上げる。

さといもとぎんなんのベーコンごはん

ねっとりほっくり秋の味覚を、ベーコンのうまみが引き立てる

さといも…2コ
⇨皮をむいて、ひと口大に切る。

ベーコン（厚切り）…50g
⇨2㎝長さ5㎜角に切る。

ぎんなん…16コ
⇨殻をむく。

その他の材料

A：塩…小さじ1/4 ／ 粗びき黒こしょう…少々
粗びき黒こしょう…適宜

作り方

① 米1合分の水加減から、小さじ2の水をすくい取る。
② Aを混ぜ、さといも、ベーコン、ぎんなんをのせ、普通に炊き上げる。
③ 器によそって、好みで粗びき黒こしょうをふる。

季節を味わう
炊き込みごはん

カリフラワーとたらのハーブごはん

炊飯器をあけたら、ハーブがふわっと香る冬ごはん

甘塩たら…大1切れ（100g）

ディル（ドライ）…小さじ1/2

オレガノ（ドライ）
…小さじ1/4

カリフラワー…100g
⇨大きめに切る。

タイム（ドライ）
…小さじ1/4

その他の材料

塩…小さじ1/4

作り方

① 米1合分の水加減から、大さじ1の水をすくい取る。
② ディル、タイム、オレガノ、塩を混ぜ、カリフラワー、甘塩たらをのせ、普通に炊き上げる。

白米
無洗米

かきと大根のごはん

冬といえば、やっぱりかきの出番です！

かいわれ大根…1/2パック

大根…100g
⇨細切りにする。

かき…130g
⇨酒大さじ1、塩少々をからめる。

その他の材料

A：塩…小さじ1/4 ／ しょうゆ…小さじ1/4

作り方

① 米1合分の水加減から、大さじ2の水をすくい取る。
② Aを混ぜ、かき、大根をのせる。
③ 普通に炊き上げ、かいわれ大根を加えて混ぜる。

季節を味わう
炊き込みごはん

下仁田ねぎと鶏肉のごはん

とろとろの下仁田ねぎ効果で、ごはんが甘ウマ!

鶏もも肉…150g
⇨ひと口大に切り、Aをもみ込む。

下仁田ねぎ…1本
⇨2㎝幅に切る。

その他の材料

A:しょうゆ…小さじ2 ／ 砂糖…小さじ1

作り方

① 米1合分の水加減から、大さじ2の水をすくい取る。
② 下仁田ねぎ、鶏もも肉をのせ、普通に炊き上げる。

肉が食べたい日の炊き込みごはん

無性に肉が食べたいときって、ありますよね。
でも、食べ過ぎは禁物。
野菜も一緒に炊き込めば、
食べごたえも栄養バランスもバッチリです。

炊き込みチキンライス

ボリュームたっぷり。鶏肉は手づかみでどうぞ！

【材料】

鶏手羽元…６本 ／ 玉ねぎ…50ｇ ／ マッシュルーム…50ｇ ／
アスパラガス…50ｇ ／ 米…１合

A | 塩…小さじ1/4 ／ こしょう…少々 ／
トマトペースト…大さじ１ ／ ウスターソース…小さじ１

B | 塩…小さじ1/4 ／ こしょう…少々

【作り方】

❶ 鶏手羽元にAをもみ込む。玉ねぎは粗みじん切りにする。マッシュルームは半分に切る。アスパラガスは長さを半分に切る。
❷ 炊飯器の内釜に研いだ米を入れ、水を１合の目盛りまで加えてから、大さじ２の水をすくい取る。
❸ Bを加えて混ぜ、米の表面を平らにして鶏手羽元、玉ねぎ、マッシュルームをのせる。
❹ 普通に炊き上げ、炊き上がったらすぐにアスパラガスを入れて、しばらく蒸らす。

豚こまれんこんのみそごはん

ありそうでなかった？ みそ味の炊き込みごはん

豚こま切れ肉…100g

れんこん…80g
⇨小さい乱切りにする。

七味唐辛子…少々

その他の材料

A：みそ…小さじ2 ／ みりん…小さじ1

作り方

① 米１合分の水加減から、大さじ１の水をすくい取る。
② A、七味唐辛子を混ぜ、豚こま切れ肉、れんこんをのせ、普通に炊き上げる。

肉が食べたい日の炊き込みごはん

豚ばら肉と白菜漬けのゆずごはん

おいしさ新発見！　白菜漬けを豚ばらと一緒に

豚ばら薄切り肉…100g
⇨4㎝幅に切る。

ゆず…1/4コ
⇨5㎜幅に切る。

白菜漬け…100g
⇨汁気を軽くしぼり、
ひと口大に切る。

その他の材料

塩…小さじ1/4

作り方

① 米1合分の水加減から、大さじ1の水をすくい取る。
② 塩を混ぜ、豚ばら薄切り肉、白菜漬け、ゆずをのせ、普通に炊き上げる。

牛肉とさやいんげんの実山椒ごはん

牛肉の甘い脂に、ピリッと山椒がたまらない！

実山椒（水煮）…大さじ1

さやいんげん…50g
⇨5㎝長さに切る。

牛こま切れ肉…100g

その他の材料

しょうゆ…小さじ2

作り方

① 米1合分の水加減から、大さじ1の水をすくい取る。
② しょうゆを混ぜ、牛こま切れ肉、さやいんげん、実山椒をのせ、普通に炊き上げる。

肉が食べたい日の
炊き込みごはん

鶏だんごと大根の梅ごはん

さっぱりおいしい、食べ過ぎ注意ごはんです

梅干し…1コ

鶏ひき肉…120g
⇨Aを混ぜ合わせ、ひと口大に丸める。

大根…50g
⇨薄い輪切りにする。

その他の材料

A：長ねぎのみじん切り…5cm分 ／ おろししょうが…1かけ分 ／ 塩…少々

B：塩…小さじ1/4 ／ みりん…小さじ1

万能ねぎの小口切り…適宜

作り方

① 米1合分の水加減から、大さじ3の水をすくい取る。
② Bを混ぜ、鶏だんご、大根、梅干しをのせ、普通に炊き上げる。
③ 器によそって、好みで万能ねぎをちらす。

肉が食べたい日の炊き込みごはん

コンビーフのカレーごはん

まるごと入れるじゃがいもは、くずして混ぜても、ごはんに添えても

クレソン…40g
⇨1㎝幅に切る

コンビーフ
…1缶（100g）

じゃがいも
…1コ（120g）

カレー粉…小さじ1

その他の材料

A：塩…小さじ1/4 ／ こしょう…少々

作り方

① 米1合分の水加減から、小さじ2の水をすくい取る。
② カレー粉、Aを混ぜ、コンビーフ、じゃがいもをのせる。
③ 普通に炊き上げ、クレソンを加えて混ぜる。

魚が食べたい日の 炊き込みごはん

魚が食べたいけれど、料理するのは面倒…
簡単にグリルで塩焼きは、もう飽きた…
炊き込みごはんで、
新しい魚の魅力と出合いましょう。

たいとズッキーニのハーブごはん

タイムとオレガノが香る、洋風のたいめし

【材料】
たい…１切れ ／ ズッキーニ…1/2本 ／
にんにく…1/2かけ ／ アンチョビ…１枚 ／
イタリアンパセリ…適宜 ／ 米…１合

A | 塩…少々 ／ タイム（ドライ）…小さじ1/2 ／ オレガノ（ドライ）…小さじ1/2 ／ オリーブ油…小さじ１

【作り方】
❶ ズッキーニは１㎝幅のいちょう切りにする。にんにくはつぶす。アンチョビは１㎝幅に切る。
❷ 炊飯器の内釜に研いだ米を入れ、水を１合の目盛りまで加えてから、小さじ２の水をすくい取る。
❸ Aを加えて混ぜ、米の表面を平らにしてたい、ズッキーニ、にんにく、アンチョビをのせる。
❹ 普通に炊き上げ、好みでイタリアンパセリを混ぜる。

魚が食べたい日の炊き込みごはん

たらとチンゲンサイの高菜ごはん

ちょっとピリ辛が、淡泊なたらによく合います

チンゲンサイ…1株(100g)
⇨4㎝長さに切り、根元は8等分に切る。

刻み高菜漬け…20g

生たら…1切れ

白いりごま
…大さじ1

刻み唐辛子
…小さじ1/2

その他の材料

しょうゆ…小さじ1/2

作り方

① 米1合分の水加減から、大さじ1の水をすくい取る。
② しょうゆを混ぜ、生たら、チンゲンサイ、刻み高菜漬けをのせる。
③ 普通に炊き上げ、白いりごま、刻み唐辛子を混ぜる。

魚が食べたい日の炊き込みごはん

ぶりと白菜のスパイスごはん

クミンが少し入るだけで、異国情緒なごはんに変身

ぶり…1切れ
⇨ひと口大のそぎ切りにする。

白菜…100g
⇨ひと口大のざく切りにする。

チリペッパー
…少々

クミンシード
…小さじ1/2

赤パプリカ…40g
⇨１㎝幅に切る。

その他の材料

A：塩…小さじ1/3 ／ こしょう…少々

作り方

① 米１合分の水加減から、大さじ１の水をすくい取る。
② クミンシード、チリペッパー、Aを混ぜ、ぶり、白菜、赤パプリカをのせ、普通に炊き上げる。

さわらとキャベツのマヨごはん

マヨネーズの魔力!? まろやかな酸味に箸がとまらない!

キャベツ…150g
⇨大きめのざく切りにする。

さわら…1切れ
⇨ひと口大に切る。

ピクルスのみじん切り
…大さじ1

マヨネーズ
…大さじ1

その他の材料

A: 白ワイン…大さじ1 ／ 塩…少々 ／
こしょう…少々

パセリのみじん切り…適宜

作り方

① 米1合分の水加減から、大さじ1の水をすくい取る。
② マヨネーズ、Aを混ぜ、さわら、キャベツ、ピクルスをのせ、普通に炊き上げる。
③ 器に盛りつけ、好みでパセリをちらす。

魚が食べたい日の炊き込みごはん

塩さけとさつまいものエスニックごはん

さけのくずし具合とパクチーの量はお好みで

さつまいも…100g
⇨小さな乱切りにする。

塩さけ（甘塩）…1切れ

パクチー…6本
⇨1～2㎝幅に切る。

ザーサイ…20g
⇨みじん切りにする。

その他の材料

A: 塩…少々 ／ こしょう…少々 ／ ごま油…小さじ1

作り方

① 米1合分の水加減から、小さじ1の水をすくい取る。
② Aを混ぜ、塩さけ、さつまいも、ザーサイをのせる。
③ 普通に炊き上げ、パクチーを混ぜる。

かじきとレンズ豆とトマトのごはん

白ワインとあわせたい、イタリアンな炊き込みごはん

レンズ豆…大さじ2

かじきまぐろ…1切れ
⇨2㎝角に切り、
白ワイン大さじ1をからめる。

タイム（ドライ）…少々

ミニトマト…8コ

マッシュルーム…50g
⇨3～4㎝厚さに切る。

玉ねぎ…50g
⇨粗みじん切りにする。

その他の材料

A：塩…小さじ1/3 ／ こしょう…少々 ／
オリーブ油…小さじ1

作り方

① 米1合分の水加減から、大さじ2の水をすくい取る。
② タイム、Aを混ぜ、かじきまぐろ、レンズ豆、ミニトマト、玉ねぎ、マッシュルームをのせ、普通に炊き上げる。

いかとセロリの香りごはん

小ぶりなやりいかを、まるごと炊き込むから手間入らず

セロリの茎…80g
⇨7～8㎜幅の斜め切りにする。

粉山椒…小さじ1/3

セロリの葉…6枚

やりいか…小3杯

その他の材料

A：ごま油…小さじ1 ／ 塩…小さじ1/3

作り方

① 米1合分の水加減から、大さじ1の水をすくい取る。
② 粉山椒、Aを混ぜ、やりいか、セロリの茎をのせる。
③ 普通に炊き上げ、セロリの葉を混ぜる。

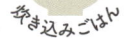

さけとレタスのバターコーンごはん

さけ、コーン、バター…誰もが大好きな組み合わせで

生さけ…1切れ

バター…大さじ1

ホールコーン…30g

レタス…1/4コ
⇨ちぎる。

その他の材料

A：塩…小さじ1/3 ／ こしょう…少々

作り方

① 米1合分の水加減から、大さじ2の水をすくい取る。
② Aを混ぜ、生さけ、レタス、ホールコーン、バターをのせ、普通に炊き上げる。

魚が食べたい日の炊き込みごはん

めざしと春菊のしょうがごはん

めざしにこんな使い方があったとは！ 滋味深い味わいです

しょうがのみじん切り…大さじ1

めざし…4尾

黒いりごま…大さじ2

春菊…50g
⇨軸のほうから
細かく刻む。

その他の材料

A：酒…大さじ1 ／ しょうゆ…小さじ1/2

作り方

① 米１合分の水加減から、大さじ１の水をすくい取る。
② Aを混ぜ、めざし、しょうが、黒いりごまをのせる。
③ 普通に炊き上げ、春菊を加えて混ぜる。

魚が食べたい日の炊き込みごはん

ししゃもとせん切り野菜のごはん

ししゃもはオスでも子持ちでも。たっぷりな野菜もうれしい

刻み唐辛子…小さじ1/2

長ねぎ…1/2本
⇨縦半分に切り、斜め薄切りにする。

にんじん…30g
⇨せん切りにする。

きゅうり…1本
⇨せん切りにする。

ししゃも…4尾

その他の材料

塩…小さじ1/4

作り方

① 米1合分の水加減から、小さじ1の水をすくい取る。
② 塩を混ぜ、ししゃも、にんじん、長ねぎ、刻み唐辛子をのせる。
③ 普通に炊き上げ、きゅうりを加えて混ぜる。

世界をめぐる炊き込みごはん

忙しいときほど、
どこか遠くに行きたくなりませんか？
そうはいっても、なかなか現実は厳しいですよね。
せめてごはんだけでも、
世界旅行に出かけましょう！

炊き込みパエリア

カンタン豪華にスペイン気分！
がんばった日のごほうびごはん

【材料】

えび…小４尾／あさり…６コ／鶏手羽中…６本／赤パプリカ…40ｇ／ピーマン…１コ／にんにく…1/2かけ／米…１合

A｜トマトの水煮…50ｇ／トマトペースト…大さじ１／塩…小さじ1/4

【作り方】

❶ えびは背わたを取る。赤パプリカ、ピーマンは１㎝角に切る。にんにくはつぶす。

❷ 炊飯器の内釜に研いだ米を入れ、水を１合の目盛りまで加えてから、大さじ２の水をすくい取る。

❸ Ａを加えて混ぜ、米の表面を平らにしてえび、あさり、鶏手羽中、赤パプリカ、ピーマン、にんにくをのせ、普通に炊き上げる。

カオマンガイ

東南アジアのチキンライスは、炊飯器の得意料理です

その他の材料

A: ナンプラー…小さじ2 ／
砂糖…小さじ2 ／ みそ…小さじ1

作り方

① 刻み唐辛子とAを混ぜ合わせ、たれを作る。
② 米１合分の水加減にして、鶏もも肉、しょうが、にんにくをのせ、普通に炊き上げる。
③ 炊き上がったら鶏肉を取り出して食べやすい大きさに切り、ごはんと鶏肉を盛りつける。
④ 野菜を添えて、たれをかける。

牛ひき肉のタイ風ごはん

「ひき肉のバジル炒め」を炊き込みごはんにアレンジ

牛ひき肉…100g

卵…1コ

グリーンカール…2枚

赤パプリカ…40g
⇨7～8㎜幅に切る。

玉ねぎ…50g
⇨7～8㎜幅に切る。

ミント…少々

バジル…6枚

その他の材料

A：ナンプラー…小さじ2 ／ 砂糖…小さじ1

作り方

① 米1合分の水加減から、大さじ1と1/2の水をすくい取る。
② Aを混ぜ、牛ひき肉、赤パプリカ、玉ねぎ、バジルをのせる。
③ 普通に炊き上げ、炊き上がったらすぐに卵を割り入れ、しばらく蒸らす。
④ 器に盛りつけ、グリーンカール、ミントを添える。

世界をめぐる
炊き込みごはん

中華おこわ風ごはん

八角香る本格的な味わい。角切りの具材も食べごたえアリ

甘栗…5コ
⇨半分に切る。

たけのこの水煮…40g
⇨1㎝角に切る。

にんじん…40g
⇨1㎝角に切る。

八角…1かけ

きくらげ…2g
⇨水でもどして石づきを取り、1㎝角に切る。

豚肩ロース肉…1枚
⇨1.5㎝角に切る。

その他の材料

A：ごま油…小さじ1 ／ しょうゆ…小さじ2 ／ オイスターソース…小さじ1/2 ／ こしょう…少々

作り方

① 米1合分の水加減から、大さじ1と1/2の水をすくい取る。
② 八角、Aを混ぜ、豚肩ロース肉、たけのこの水煮、にんじん、きくらげ、甘栗をのせ、普通に炊き上げる。

2

麻婆豆腐ごはん

まさに、あのピリ辛味。豆腐はしっかりした食感に

豆板醤…小さじ1

木綿豆腐…150g
⇨1.5㎝角に切り、ザルに入れて30分おく。

豆豉…小さじ1

しょうがのみじん切り…小さじ1

長ねぎのみじん切り…10㎝分

豚ひき肉…50g

その他の材料

A: オイスターソース…小さじ1/3 ／ 塩…小さじ1/4

長ねぎの青いところ…適宜
⇨1㎝角に切る。

作り方

① 米1合分の水加減から、大さじ2の水をすくい取る。
② Aを混ぜ、豆腐、豚ひき肉、長ねぎ、しょうが、豆板醤、豆豉をのせる。
③ 普通に炊き上げ、好みで長ねぎの青いところを混ぜる。

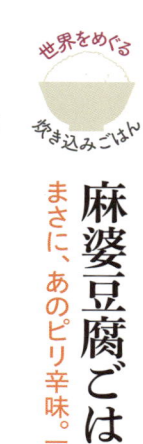

炊き込みキーマカレー

ちょっとドライカレー風なひき肉のカレーごはん

豚ひき肉…100g

トマトの水煮
…50g

さやいんげん…40g
⇨7～8㎜幅に切る。

玉ねぎ…50g
⇨粗みじん切りにする。

にんにく…1/2かけ
⇨つぶす。

ローリエ…1/2枚

カレー粉…小さじ2

その他の材料

A：ケチャップ…小さじ1 ／ ウスターソース…小さじ1 ／ しょうゆ…小さじ1 ／ 塩…小さじ1/4

作り方

① 米1合分の水加減から、大さじ2の水をすくい取る。
② トマトの水煮、カレー粉、ローリエ、Aを混ぜ、豚ひき肉、さやいんげん、玉ねぎ、にんにくをのせ、普通に炊き上げる。

炊き込みチリコンカン

メキシコのスパイシーな豆料理を炊き込みごはんに

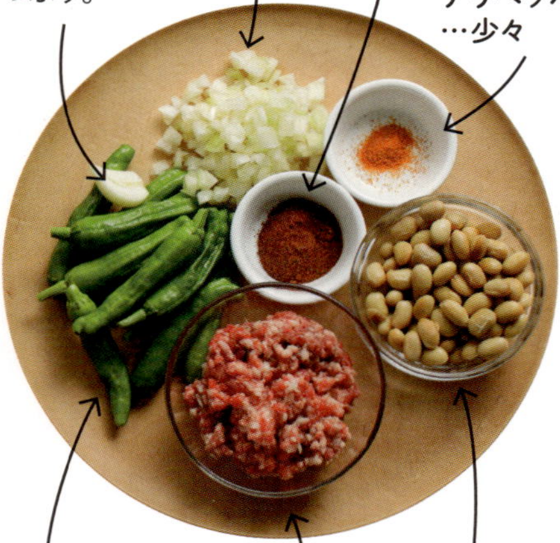

セロリ…40g
⇨粗みじん切りにする。

チリパウダー…大さじ1

にんにく…1/2かけ
⇨つぶす。

チリペッパー
…少々

ししとう…50g

大豆の水煮…80g

牛ひき肉…100g

その他の材料

A: 塩…小さじ1/3 ／ しょうゆ…小さじ1/2 ／
こしょう…少々

作り方

① 米１合分の水加減から、大さじ１の水をすくい取る。
② チリパウダー、チリペッパー、Aを混ぜ、大豆、牛ひき肉、ししとう、セロリ、にんにくをのせ、普通に炊き上げる。

世界をめぐる 炊き込みごはん

炊き込みジャンバラヤ

知ってるようで知らない、アメリカ南部のスパイシーごはん

玉ねぎ…50g
⇨1㎝角に切る。

ソーセージ…3本
⇨1.5㎝幅に切る。

にんにく…1/2かけ
⇨つぶす。

パプリカパウダー
…小さじ1

クミン
パウダー
…小さじ1/4

セロリ…40g
⇨1㎝角に切る。

カイエンヌ
ペッパー
…小さじ1/4

ピーマン…2コ
⇨1㎝角に切る。

トマト…50g
⇨1㎝角に切る。

その他の材料

A：オリーブ油…小さじ1 ／ 塩…小さじ1/4

作り方

① 米1合分の水加減から、大さじ1の水をすくい取る。
② パプリカパウダー、クミンパウダー、カイエンヌペッパー、Aを混ぜ、ソーセージ、玉ねぎ、セロリ、ピーマン、にんにくをのせ、普通に炊き上げる。
③ 器に盛りつけ、トマトを添える。

ビビンパ風ごはん

石焼きビビンパ？ いえ、炊き込みビビンパです

もやし…50g
⇨根をつむ。

にんじん…30g
⇨細切りにする。

牛こま切れ肉
…100g

白いりごま
…大さじ1

しめじ…40g
⇨石づきを取り、ほぐす。

キムチ…50g

ピーマン…1コ
⇨せん切りにする。

その他の材料

A：ごま油…小さじ1 ／ 砂糖…小さじ1/2 ／
しょうゆ…小さじ2 ／
おろしにんにく…小さじ1/4

作り方

① 米1合分の水加減から、大さじ1と1/2の水をすくい取る。
② Aを混ぜ、牛こま切れ肉、しめじ、にんじん、もやしをのせる。
③ 普通に炊き上げ、ピーマン、白いりごまを加えて混ぜる。
④ 器に盛りつけて、キムチを添える。

福

話題の魚缶で炊き込みごはん

さば缶ブームにはじまり、
近ごろ魚缶が人気ですね。
栄養いっぱいで、手が魚臭くならない。
保存もきくし、値段も手ごろ。
これは、炊き込みごはんに使わない手は
ありません！

さばと野菜のハーブごはん

大人気のさば水煮缶は、
ハーブと合わせて香り豊かに

【材料】
さば水煮缶…１缶 ／ じゃがいも…１コ ／
さやいんげん…30ｇ ／ 白ワイン…大さじ１ ／ 米…１合

A ｜ローリエ…1/2枚 ／ ディル（ドライ）…小さじ1/4 ／
　 ｜オレガノ（ドライ）…小さじ1/2 ／ 塩…小さじ1/4

【作り方】
❶ じゃがいもは皮をむき、７～８㎜幅に切る。さやいんげんは３㎝長さに切る。
❷ 炊飯器の内釜に研いだ米を入れ、さば缶の汁、白ワインを加え、水を１合の目盛りまで注ぐ。
❸ Ａを加えて混ぜ、米の表面を平らにしてさば、じゃがいも、さやいんげんをのせ、普通に炊き上げる。

ツナ缶とにんじんと卵のごはん

沖縄料理「にんじんしりしり」のような炊き込みごはんです

ツナ缶…1缶
⇨油はきる。

にんじん…50g
⇨スライサーで短い細切りにする。

卵…1コ
⇨溶きほぐす。

焼きのり…適量

その他の材料

A：塩…小さじ1/4 ／ こしょう…少々

作り方

① 米１合分の水加減から、大さじ１の水をすくい取る。
② Aを混ぜ、ツナ、にんじんをのせる。
③ 普通に炊き上げ、炊き上がったらすぐに卵を回し入れ、しばらく蒸らす。
④ 盛りつける直前に焼きのりをちぎって加え、混ぜ合わせる。

話題の魚缶で
炊き込みごはん

いわしの蒲焼きごはん

缶汁ごと炊き上げて、みんな大好き蒲焼きのたれの味

いわしの蒲焼き缶…1缶

サラダほうれん草…50g
⇨4～5㎝幅に切る。

粉山椒…小さじ1/4

その他の材料

しょうゆ…小さじ1

作り方

① 米1合分の水加減から、大さじ2の水をすくい取る。
② 粉山椒、しょうゆを混ぜ、いわしの蒲焼きを缶汁ごと入れる。
③ 普通に炊き上げ、炊き上がったらサラダほうれん草を混ぜ合わせる。

話題の魚缶で 炊き込みごはん

さばみそごはん

缶詰を汁ごと、玉ねぎも半分に切るだけの大胆調理！

玉ねぎ…小1コ
⇨縦半分に切る。

さばみそ煮缶…1缶

作り方

① 炊飯器の内釜に米を入れ、さばみそ煮缶の汁を加え、水を1合の目盛りまで注ぎ、全体を混ぜる。
② 米の表面を平らにしてさばみそ煮、玉ねぎをのせ、普通に炊き上げる。

すし

話題の魚缶で
炊き込みごはん

いわしとピーマンのしょうゆごはん

いわしの脂とピーマンのほろ苦さが体に良さそう

唐辛子…1本

いわしのしょうゆ煮缶…1缶

ピーマン…小4コ
⇨全体を串で刺す。

その他の材料

いわしのしょうゆ煮缶の汁…大さじ3

作り方

① 米1合分の水加減から、大さじ3の水をすくい取る。
② いわしのしょうゆ煮缶の汁を混ぜ、いわしのしょうゆ煮、ピーマン、唐辛子をのせ、普通に炊き上げる。

話題の魚缶で 炊き込みごはん

オイルサーディンとなすのディルごはん

ごはんをおつまみに…白ワインが進んでしまいそう

ディル（ドライ）…小さじ1/3

オイルサーディン缶…1缶

ローリエ…1/2枚

松の実…小さじ1/4

なす…1本
⇨1㎝角に切る。

その他の材料

A：塩…小さじ1/4 ／ こしょう…少々 ／
オイルサーディン缶の汁…大さじ2

作り方

① 米1合分の水加減から、大さじ3の水をすくい取る。
② ディル、ローリエ、Aを混ぜ、オイルサーディン、なす、松の実をのせ、普通に炊き上げる。

便利食材の炊き込みごはん

コンビニやスーパーで手に入る食材の中には、
私たちの強い味方が、実はたくさん！
そんな便利な食材を使った
炊き込みごはんを紹介します。

サラダチキンのハーブごはん

**すっかり定着した人気食材を使って、
ちょっと素敵な食卓に**

【材料】
サラダチキン…１枚／赤パプリカ…80ｇ／
タイム（ドライ）…小さじ1/2／オレガノ（ドライ）…小さじ1/2／
バジル（ドライ）…小さじ1/2／ローリエ…1/2枚／
塩…小さじ1/4／ベビーリーフ…１パック／
オリーブ油…小さじ１／米…１合

【作り方】
❶ 赤パプリカは１㎝角に切る。
❷ 炊飯器の内釜に研いだ米を入れ、水を１合の目盛りまで加えてから、小さじ２の水をすくい取る。
❸ 塩を加えて混ぜ、米の表面を平らにしてサラダチキン、赤パプリカ、タイム、オレガノ、バジル、ローリエをのせる。
❹ 普通に炊き上げ、ベビーリーフ、オリーブ油を加えて混ぜる。

かにかまとごぼうのごはん

庶民の味方は、やっぱりここでも、おいしい味方だった！

かにかま…4本（50g）
⇨半分に切る。

きぬさや…30g
⇨せん切りにする。

ごぼう…40g
⇨せん切りにする。

その他の材料

A：しょうゆ…小さじ1/2 ／ 塩…小さじ1/4 ／
こしょう…少々

作り方

① 米１合分の水加減から、大さじ１の水をすくい取る。
② Aを混ぜ、かにかま、ごぼうをのせる。
③ 普通に炊き上げ、きぬさやを加えて混ぜ合わせる。

便利食材の炊き込みごはん

魚肉ソーセージのレモンごはん

レモンと組み合わせて、さわやかごはんが完成！

魚肉ソーセージ…1本（75g）
⇨ひと口大に切る。

ローリエ…1/2枚

キャベツ…200g
⇨大きめのざく切りにする。

レモンの薄切り…3枚

その他の材料

A: 酒…大さじ1 ／ 塩…小さじ1/4 ／ 粗びき黒こしょう…少々

作り方

① 米1合分の水加減から、大さじ2の水をすくい取る。
② ローリエ、Aを混ぜ、魚肉ソーセージ、キャベツ、レモンをのせ、普通に炊き上げる。

便利食材の
炊き込みごはん

厚揚げと小松菜とたくあんのごはん

たくあんは薄く切ることで、炊いてもパリパリに仕上がります

厚揚げ…小1枚（150g）
⇨油抜きして、ひと口大に切る。

小松菜…100g
⇨3㎝長さに切る。

たくあん…30g
⇨薄い輪切りにする。

その他の材料

A：しょうゆ…小さじ1 ／
みりん…小さじ1/2 ／ 塩…少々

米
1合

作り方

① 米1合分の水加減から、大さじ1の水をすくい取る。
② Aを混ぜ、厚揚げ、小松菜、たくあんをのせ、普通に炊き上げる。

豆腐とごぼうと明太子のごはん

体に優しい炊き込みごはん。ごぼうの香りがアクセント

わけぎ…1本
⇨斜め薄切りにする。

ごぼう…40g
⇨7～8㎜角に切る。

明太子…30g
⇨薄皮を取り除き、みりん小さじ1を混ぜる。

木綿豆腐…150g
⇨くずしてザルに入れ、30分おく。

その他の材料

塩…小さじ1/4

作り方

① 米1合分の水加減から、大さじ2の水をすくい取る。
② 塩を混ぜ、豆腐、ごぼう、明太子をのせる。
③ 普通に炊き上げ、わけぎを加えて混ぜる。

便利食材の炊き込みごはん

はんぺんと豆もやしの韓国ごはん

はんぺんがねっとり変身。切らずに炊き上げるのがコツ

韓国のり…10枚

はんぺん…1枚（150g）

豆もやし…100g

その他の材料

A：塩…小さじ1/4 ／ こしょう…少々

ごま油…小さじ1 ／ 白いりごま…大さじ1

作り方

① 米１合分の水加減にAを混ぜ、はんぺん、豆もやし、韓国のりをのせる。

② 普通に炊き上げ、ごま油、白いりごまを加え、はんぺんをくずしながら混ぜる。

お惣菜使いの炊き込みごはん

お惣菜を買ってきても、
それだけではちょっと寂しい…
とはいえ、副菜や汁物を作ったりは面倒だし…
いっそのこと、そのお惣菜を炊き込みごはんに
しちゃいましょう。

野菜のかき揚げと小えびのごはん

野菜の甘みと衣のコクで、食べごたえ満点です！

【材料】

野菜のかき揚げ…１コ ／ むきえび（冷凍）…８コ ／ 米…１合

A | 酒…大さじ１ ／ 塩…小さじ1/3

【作り方】

❶ 炊飯器の内釜に研いだ米を入れ、水を１合の目盛りまで加えてから、大さじ２の水をすくい取る。

❷ Aを加えて混ぜ、米の表面を平らにして野菜のかき揚げ、むきえびをのせ、普通に炊き上げる。

お惣菜使いの炊き込みごはん

きんぴら牛肉ごはん

甘辛のピリ辛味で、これはビールがほしくなる？

牛こま切れ肉…80g
⇨しょうゆ小さじ１をからめる。

きんぴらごぼう…100g

その他の材料

しょうゆ…小さじ1/2 ／ 七味唐辛子…適量

作り方

① 米１合分の水加減から、大さじ１の水をすくい取る。
② しょうゆを混ぜ、きんぴらごぼう、牛こま切れ肉をのせ普通に炊き上げる。
③ 器に盛りつけ、七味唐辛子をふる。

お惣菜使いの炊き込みごはん

とんかつのソースごはん

ドーンと切らずに炊き込んで、あとで切りくずすのがジューシーポイント

キャベツ…100g
⇨せん切りにする。

とんかつ（ロース）…1枚

紅しょうが…20g

その他の材料

A：ウスターソース…大さじ1 ／ 塩…少々

キャベツのせん切り…50g ／
ウスターソース…適宜

作り方

① 米1合分の水加減から、小さじ1の水をすくい取る。
② Aを混ぜ、とんかつ、キャベツ、紅しょうがをのせ、普通に炊き上げる。
③ 器に盛りつけ、キャベツのせん切りを添え、好みでウスターソースをかける。

お惣菜使いの
炊き込みごはん

ローストビーフのわさびごはん

あと混ぜのオニオンスライスやクレソンで、シャキシャキ感をプラス

玉ねぎ…50g
⇨薄切りにする。

クレソン…1束

ローリエ…1/2枚

おろしわさび…小さじ1　ローストビーフ…50g

その他の材料

A: 塩…小さじ1/3 ／ こしょう…少々 ／ オリーブ油…大さじ1

おろしわさび…適宜

作り方

① 米１合分の水加減にローリエ、Aを混ぜ、ローストビーフをのせる。
② 普通に炊き上げ、玉ねぎ、クレソン、おろしわさびを加えて混ぜる。
③ 器に盛りつけ、好みでおろしわさびを添える。

お惣菜使いの炊き込みごはん

焼きさば大根ごはん

さばはもちろん、大根がやわらかくおいしい

さばの塩焼き…1枚

おろししょうが…小さじ1

大根…3㎝
⇨1㎝の輪切りにする。

その他の材料

塩…小さじ1/4 ／
万能ねぎの小口切り…適量

作り方

① 米1合分の水加減から、小さじ2の水をすくい取る。
② 塩を混ぜ、さばの塩焼き、大根、おろししょうがをのせ、普通に炊き上げる。
③ 器に盛りつけ、万能ねぎをちらす。

お惣菜使いの炊き込みごはん

焼き鳥のレバにらごはん

元気をチャージしたいときはコレ！
にらたっぷりがおいしさの決め手

焼き鳥のレバー（たれ）…4本（100g）
⇨串をはずす。

にら…1/2束
⇨5㎜幅に切る。

その他の材料

しょうゆ…小さじ1

作り方

① 米1合分の水加減から、小さじ2の水をすくい取る。
② しょうゆを混ぜ、焼き鳥のレバー、にらをのせ、普通に炊き上げる。

お惣菜使いの炊き込みごはん

かぼちゃと豚肉の花椒ごはん

甘いかぼちゃの煮物と花椒の刺激がクセになります

かぼちゃの煮物…100g

豚ばら薄切り肉…100g
⇨4㎝幅に切る。

花椒《ホアジャオ》…小さじ1

その他の材料

A：塩…小さじ1/4 ／ ごま油…小さじ1

パクチー（きざむ）…適宜

作り方

① 米１合分の水加減から、小さじ１の水をすくい取る。
② 花椒、Aを混ぜ、かぼちゃの煮物、豚ばら薄切り肉をのせる。
③ 普通に炊き上げて、好みでパクチーを混ぜる。

お惣菜使いの炊き込みごはん

おからと鶏ひき肉のごはん

噛めば噛むほど味わい深い、ヘルシーごはん

鶏ひき肉…80g
⇨酒大さじ1、塩少々を混ぜ合わせる。

おからの煮物…100g

その他の材料

しょうゆ…小さじ1/2

作り方

① 米1合分の水加減から、大さじ1の水をすくい取る。
② しょうゆを混ぜ、おからの煮物、鶏ひき肉をのせ、普通に炊き上げる。

青春新書
PLAYBOOKS

人生を自由自在に活動《プレイ》する

人生の活動源として

いま要求される新しい気運は、最も現実的な生々しい時代に吐息する大衆の活力と活動源である。

文明はすべてを合理化し、自主的精神はますます衰退に瀕し、自由は奪われようとしている今日、プレイブックスに課せられた役割と必要は広く新鮮な願いとなろう。

いわゆる知識人にもとめる書物は数多く窺うまでもない。

本刊行は、在来の観念類型を打破し、謂わば現代生活の機能に即する潤滑油として、逞しい生命を吹込もうとするものである。

われわれの現状は、埃りと騒音に紛れ、雑踏に苛まれ、あくせく追われる仕事に、日々の不安は健全な精神生活を妨げる圧迫感となり、まさに現実はストレス症状を呈している。

プレイブックスは、それらすべてのうっ積を吹きとばし、自由闊達な活動力を培養し、勇気と自信を生みだす最も楽しいシリーズたらんことを、われわれは鋭意貫かんとするものである。

―創始者のことば―　小澤和一

［著者紹介］

検見﨑聡美〈けんみざき さとみ〉

料理研究家、管理栄養士。赤堀栄養専門学校卒業後、料理研究
のアシスタントを務める。独立後はテレビや雑誌、書籍を中心
活躍。初心者でも手軽に確実に作れる料理と、そのセンスのよ
には定評がある。
『保存容器でつくる「おハコ」レシピ』シリーズをはじめ、『３
レシピでつくる居酒屋おつまみ』シリーズ、『「サラダチキン」「
むね肉」の絶品おつまみ』『塩分０ｇの満足ごはん』（小社刊）、『
いしさのコツが一目でわかる 基本の料理』（成美堂出版）など
書多数。

［staff］
〈撮影〉南雲保夫　〈スタイリング〉黒木優子
〈料理アシスタント〉大木詩子　〈本文デザイン〉青木佐和子
［撮影協力］　タイガー魔法瓶株式会社　UTUWA

おかずがいらない
炊《た》き込《こ》みごはん

青春新書 PLAYBOOKS

2019年 2月10日　第1刷

著　者　検《けん》見《み》﨑《ざき》聡《さと》美《み》

発行者　小澤源太郎

責任編集　株式会社プライム涌光
電話　編集部　03(3203)2850

発行所　東京都新宿区若松町12番1号 〒162-0056　株式会社青春出版社
電話　営業部　03(3207)1916　振替番号　00190-7-98602

印刷・大日本印刷　製本・フォーネット社

ISBN978-4-413-21128-4

青春新書プレイブックス好評既刊

青春新書 PLAYBOOKS

「サラダチキン」「鶏むね肉」の絶品おつまみ

検見﨑聡美

3行レシピで、大変身!

ISBN978-4-413-21120-8　本体1000円

まいにち絶品!「サバ缶」おつまみ

きじまりゅうた

パカッと、おいしく大変身!

ISBN978-4-413-21113-0　本体1160円

今夜も絶品!「イワシ缶」おつまみ

きじまりゅうた

お気楽レシピで、おいしさ新発見!

ISBN978-4-413-21124-6　本体1100円

※上記は本体価格です。（消費税が別途加算されます）
※書名コード（ISBN）は、書店へのご注文にご利用ください。書店にない場合、電話または Fax（書名・冊数・氏名・住所・電話番号を明記）でもご注文いただけます（代金引換宅急便）。商品到着時に定価＋手数料をお支払いください。
〔直販係　電話03-3203-5121　Fax03-3207-0982〕
※青春出版社のホームページでも、オンラインで書籍をお買い求めいただけます。ぜひご利用ください。〔http://www.seishun.co.jp/〕